본의 아니게

본의 아니게

박세현 시집

문학의전당

| 시인의 말 |

의정부에 가서 늦바람 데리고 놀다가 온 저녁이다.
아직도 나는 도착 중이다. 시고 나발이고
다 헛소리인 줄 알면서
내 삶이 빠져나간 허물 같은 시에게
또 속기로 한다. 잘 가라,
나라는 물건에 붙어서 나를 애무하던 말들아.

2011. 9. 29.
박세현

| 차례 |

1부 강원도 저쪽

13 | 강원도 저쪽
14 | 진짜 연습곡
17 | 아름다운 것들아
18 | 후박나무 짧은 그늘
20 | 너무 괜찮다
21 | 9월 하순의 밤비
22 | 망상과 옥계 사이
24 | 아무렇지도 않다
25 | 외마디
26 | 하루살이처럼
27 | 나는 내가 아니다
28 | 금강경 어법으로
30 | 문막 막 지나갔음
32 | 저 가을 좀 봐
33 | 뜬구름 잡다
34 | 이건 또 뭐냐!
36 | 나의 변방
37 | 누가 묻거든
38 | 나는 없다
40 | 본의 아니게
41 | 미시령 속기速記

2부 나 살고 간 뒤

45 | 극적인 밤
46 | 시차時差
47 | 김종삼 약국
48 | 중복
49 | 성공적인 오해
50 | 시가 망가지면
52 | 새벽 기도
53 | 꿈결
54 | 붐비는 저녁
55 | 4월의 어떤 밤
56 | 내 가면 내가 쓰고
57 | 장사익 버전
58 | 숭고한 생
59 | 나 살고 간 뒤
60 | 두서없는 봄밤
61 | 폰카 작가

3부 더 큰 잔으로!

65 | 속옷
66 | 구의동 블루스
68 | 미니멀리즘
69 | 시의 걸음
70 | 빈 방
71 | 봄산
72 | 마음의 꼬리
73 | 십일월
74 | 더 큰 잔으로!
75 | 칭따오로 가는 배
76 | 사는 게 별것인 날
77 | 춘심春心
78 | 혼잣말
79 | 이런 날
80 | 억새 틈에서
81 | 밤의 우좌지간
82 | 연변풍風
84 | 묽은 가을

4부 휘갈겨 급히 쓴 시

87 | 주문진항
88 | 말의 헛울음
89 | 자거다치 밤기차
90 | 사라지는 기술
91 | 내몽골의 흰 밤
92 | 시가 어쨌다구?
94 | 마음 미지근한 날
95 | 밤은 기억할까?
96 | 한 끼의 슬픔
97 | 비틀즈가 바로크를
98 | 쓸쓸한 맛
99 | 휘갈겨 급히 쓴 시
100 | 금년 여름
101 | 12월의 각주
102 | 늦밤, 추신追伸 같은
103 | 오감五感을 열 수 있다면

104 | 해설_김정남
   '나는 없다'의 변주곡

1부

강원도 저쪽

강원도 저쪽

대충 살다 죽어라
자크 라캉이 그의 책 『에크리』 27쪽
세 번째 줄과 네 번째 줄 사이에
파묻어둔 말이다

태백선과 영동선을 멈추게 한
100년만의 폭설이 순산한 고요가
차분하고 뜨겁다
2011년 1월 11일 대설특보 중인
강원도 저쪽

진짜 연습곡

1
마우리치오 폴리니가 두드리는 쇼팽의 연습곡
6번 E플랫 단조, 라이브를 얻어 듣고(라이브는 아니지, 그냥 턴테이블에 걸려서
참나무 장작 타는 소리처럼 흘러나오는
엘피판의 잡음
어린 날 부스럼처럼 정겨웠다는 뜻)
예술관 3층 계단을 걸어서 내려오니
밖에는 웬 선물 같은 눈발이다
(눈은 아니지, 그냥 허옇게 분사된 추억)
반쯤 나갔다 돌아온 정신이
허름한 외등에 묻어서 반사된다

2
'내가 말이야' 하고 말하고 싶을 때마다 나는
외출 중이다 너무 멀리 가서 되돌아올 수 없는 거리
거기에 나를 벌 세워놓았을 것이다
원주시 부론강 일대에 집단으로 서서 흔들리는

갈대들의 조용한 합창
(사실 그건 조용함이 아니지
겨울강에 발 담그고
울고 웃는 희비를 발가벗어버리는 순간,
서로의 팔다리가 엇갈리며 부딪치는 소리)
부론강은 늦가을 더 늦은 시간에
누가 부른다는 듯이 힐끔 돌아보기도 한다

3
말이야 바른 말이지
삶은 전악장이 연습이다
(마치 내일이 있는 듯이 그래서
아침마다 장엄한 리허설에 나서는 배우가
아니라면 우리는 무엇인가?)
저 강물이 돌아오지 않듯이
오늘 나의 몸짓은 재생되지 않지만
떠내려간 강물소리 더 멀리 가서
관객 없는 무대 위에서 스스로를 벗어버리고

한번 크게 흔들리지 않겠는가
진짜 연습은 막이 내린 뒤 집에 가서
쪽방에서 하는 거다 울고 싶을 때마다
거울 없이, 혼자!

아름다운 것들아

러시아국립교향악단이 연주한 김민기의
「아름다운 사람」은
독한 아름다움에 관한 연주이자
순수한 슬픔에 관한
피할 수 없는 러시아식 번역이다

어떻게 해도 번역되지 않는 것들아
그러나 아름답고 쓸쓸한 조각들아
내가 네게로 가서 너의 몸이 될 것이다

후박나무 짧은 그늘

여름밤이 찾아와서 나를 손짓했기에
반바지 입은 치악산 자락으로 빌빌거리며
놀러 간다 산 속에 남아돌던 펑키한 바람 떼가
무작정 아래로 무너져내린다 이 저녁에는
작정 없는 꿈을 사랑하자 저 바람의 민무늬가 몸에
닿는 대로 아련한 문신으로 터진다
마하반야바라밀다 불빛 밝은 국형사 설법전
수입산 기둥에도 바람의 입자국 묻었다
옛날 학예회 무대 같은 극락의 내부가
먹자골목의 소란처럼 시끌벅적하다
시간의 살집이 손에 미끈둥 잡힌다
죽으면 없어질 것들일수록 부피 두텁고
소란스럽구나 귓가로 몰려드는
절 옆구리의 물소리 따라가다 길 놓쳐주고
열대야에 얼굴 맞대고 무박으로 흘러간다

(이튿날)
다시 가보니, 국형사에는 설법전이 없다

(그럼, 엊저녁에 본 것은?
없다면 없는 것이지, 말이 많군, 거사가 본 것은
설법전이 아니라 관음전이었던 것
알겠나? 모르겠습니다)
손바닥만 한 대웅전이 더워서 붓다는
연방 손부채질을 하면서 관음전에
주로 거처하고, 낮에는 불사 중인
설법전 포클레인 공사를 감독한다고 들었다
—좀, 크게 지어라, 크게.
대웅전이 좁아서 내 말도 자꾸 좁아지지 않니
요즘엔 내가 한 말도 거의 잊어부렀다
이래 가지고야 영업하겠나!
범종각 옆 후박나무 짧은 그늘에서 붓다는
팔만사천 법문을 여여히 잊어가는 중이었다

너무 괜찮다

자고 일어나면 다 괜찮다
어젯밤 불던 바람소리도
바람을 긋고 간 빗소리도 괜찮다
보통 이상인 감정도
보통에 미달한 기분도 괜찮다
자고 일어나면 정말 괜찮다
웃어도 괜찮고 울어도 괜찮다
웃지 않아도 괜찮고 울지 않아도 괜찮다
유리창에 몸을 밀어 넣은 빗방울이
벗은 소리만으로 내게 오던 그 시간
반쯤 비운 컵라면을 밀어놓고
빗소리와 울컥 눈인사를 나누어도
괜찮다
너무 괜찮다

9월 하순의 밤비

죽은 배우의 영화가 재방되는 거실
티비 뒤로 누군가 지나간다 누구지?
익은 얼굴인데 목례하고 보니 낯설다 혹시
남의 꿈 열심으로 대역했던 배우의 영가靈駕였을까?
헛디딘 고양이걸음 같은 액션
액자 밖으로 흘러내린 정물 같은 꿈이
몸 밖으로 번져내린다
손으로 좀 만져보자
다 보인다 빛이 덜 들어온 꿈도
빛에 낑긴 꿈도 한꺼번에 보인다
(이하 후렴이니 낮은 소리로 읽을 것)
9월 하순을 적시는 가을 장마
은밀하고 깊어서 혼자 퍼담고 있다
이런 밤에 한 잔
얼굴 가린 당신도 한 잔
꿈 그치기 전에 얼른 취하고 싶어서

망상과 옥계 사이

1
가을 밤 65번 동해고속도로 위
차 한 대 없다
모두들 지나간 끝물에 나 혼자?
괴기스럽고 숭고한 지경이다
(설마 동해시장님이 시인을 위해
길을 비웠을 리는 없고!)
못 믿겠다면 당신도 밤 아홉 시 시월 중순쯤
이 도로를 타보라
망상꽃을 피울 수도 있을 것이다

2
식은 죽 같은 공연을 끝내고 나니 객석 끝에
소설가 내 친구 지방신문 같은 표정으로 앉아 있다
시청 옆에서 맹물 같은 표준커피를 마시며 우리는
허벅지를 꺼내놓고 대로에 앉아 네온 빛을 쬐고 있던
가출 중인 여고생 일반을 추상했고
여기가 묵호와 북평 사이에 있는 천곡동이라는 사실

수령 400년 된 예술관 앞뜰 배롱나무를 감탄했으나
문학에 대해서는 일언반구하지 않았다
사랑을 확인하지 못한 연인처럼
톨게이트에서 우리는 군말 없이 헤어졌으니

3
망상과 옥계 사이를 지나며
온갖 답이 없는 생각을 맺었다 풀었다 하며
오매불망 나의 꿈이요 존재론적 삐끼였던
거시기에 관한 결정적 과대망상을 포기한다
밤바다 옆에 있는 옥계휴게소를 거치지 않고
망상과 옥계 사이 밤파도 뒤채는 소리를
듣는 둥 마는 둥, 폭음처럼 과속하며
그 밤을 빠져나왔다 훗날이여 오늘의 나를
기억하지 말고 단칼에 지워다오

아무렇지도 않다

차이코프스키의 안단테 칸타빌레를 긁다가
요요마가 흘린 저음 한 올이
제 음보다 더 낮게 내려앉는다
그곳이 어딘가를 찾다가 치매처럼 망각한다
아무렇지도 않다

오늘 강의 몇 시더라?

외마디

급히 대관령 넘어가는데
(세상 빠져나갈 때도 이리 급하겠지)
구스타프 말로의 교향곡 5번 전악장이
라디오 안에서 전반적으로 지직댄다
프로그램 진행자는 '음악에 장르는 없다'고
단언했다. 맞다. 이 순간, 누구의 말도 맞다.
(FM 전 채널이 요한 세바스찬 바하라 읽는데
그만 유독 쩨바스찬으로 발음한다)
시에 대해서 무슨 할 말이 남았다고
오라는 대로 가고 있는 것인지
나에게 대답하지 못한 채
말로 선생이 버린 잡음만 싣고 대관령 넘는다
(나도 내가 무얼 하고 있는지
알지 못하나이다!)
흘러내리다 비탈에 멈춘 단풍의 급한 걸음,
위태롭게 튀어나온 붉은 외마디처럼
그렇게 지직대며 대관령을 넘어갔더란다

하루살이처럼

회고되고 싶지 않습니다
초가을날 번지는 벌개미취처럼
누군가의 입술에 남아
되살아 오르고 싶지 않습니다
가고나면 돌아오지 않는
바람줄기의 의지를 배우겠습니다
머리 위를 날며 깍깍대던 까치소리처럼
가벼운 걸음으로 지나가게 두십시오
입도 소화기관도 지워버린 하루살이처럼
하루만, 딱 하루만 푸르게 날다가 추억도 없이
아니 추억도 소화하지 않은 채 가겠습니다
그냥 오래 바람 불고 싶습니다

나는 내가 아니다

사랑해
왜 자꾸 그런 말을 하는 거니?
너는 무슨 권리로 나를 사랑한다는 거니?
너가 그딴 말을 할 때마다
나는 울고 싶다
나는 내가 아니다
나는 모르는 인연이다
나는 네 속의 뻥 뚫린 구멍이다
사랑한다는 말만 삼가다오
나도 너를 사랑하고 싶어 미치겠다

금강경 어법으로

비가 온다 늦은 봄비가 금강경 어법으로 온다
시보리야 지금 그대는 살아 있느냐
아닙니다 그저 둥둥 떠가고 있습니다 그러느냐
네가 말하는 삶은 삶이 아니다 그래서
반드시 삶이 된다
무슨 말씀이십니까 시보리야
그대는 내게 너무 자주 물어서는 안 된다
어젯밤 그대의 단골 돼지부속집에서
우리 한 잔 하지 않았더냐
그대에게 술잔을 받던 붓다는 붓다가 아니다
그는 어제 날짜로 망한 골목슈퍼 사장이다
무슨 업보가 있겠느냐 불쌍하지 않으냐
그래서 그를 진짜 붓다라고 부른다
갑자기 온 아침결에 머리맡이 분주하다
이리저리 튀는 빗소리 간식으로 비운
컵라면통에 받아둘 것인가 가끔 귀를 대면
목련 지나간 자리처럼 은은해질 것인가
누구에게 물어야 할지 아득한 이 아침은

목부터 마르구나 시보리야 물 한 잔 가져 오너라
당신이 갖다 먹으세요

문막 막 지나갔음

문막 들녘 지나가는 순간
2010년 10월 2일 오후 3시 15분께
적막하게 발기한 전봇대가
논 가운데 인질로 붙잡혀서
벼 과(科)인 듯 착각에 빠져 있다
전선 없이 독립군으로 서 있는 전봇대도 있고
그게 안 됐다는 눈길로 쳐다보는 갈대도 있다
올 때도 못 보고
갈 때도 보지 못한 갈대 형제여
내 지나간 등 뒤에서 엇박자로 가을을
느리게 격하게 아프게 흔들어라
가을 한구석이 미완으로 완성되듯이
지금 저 들 옆에서 공사 막 끝내려는 아파트의
빈 방에서 입주하지 않은 생활이 머뭇거린다
미친 척, 공사감독의 허락도 없이
허공에 구멍만 뚫어놓은 방에서
살아보지 않은 생활을 한 겹 입어보고 싶다
몇 번 웃고 몇 번은 찡그리는 리허설

맨살뿐인 생활은 정말 간지러울까
흐린 빗방울 번진 들녘 손에 접어 넣고
쓸쓸함 그런 정서의 볼륨을 죽이면서
문막을 막 지나갔다
오늘, 잘 살았음. 허공에서 말이야.

저 가을 좀 봐

나뭇잎 다 비워내고
맨입술 다시면서 남몰래 부르르
떨어보는 미성년 계수나무의 시늉이 앳되다
비린내!
이런 밤을 개기기 위해
만델링과 예가체페가
싸우듯이 뒤섞인 커피 연타로 마신 밤
마음 놓고 길 놓칠 수 있어 좋다
속은 거북한데 쏟아낼 형식을 찾지 못해
조용히 열 받는 순간
마지막 악장 생략한
저 가을 좀 봐

뜬구름 잡다

생각 너머로 흐르는 뜬구름을 잡는다
헛손질
손에 묻는 것도 드는 것도 없다
뜬금없이 흘러갈 뿐이다
내가 쓴 시 이런 거였어

(중략)

시 쓰는 작업이
뜬구름 잡는 일이라고 겁주던 옛날 꼰대 교수님
뜬구름이 어때서?
다소 떠 있을 때 삶은 평화롭지 않으냐

오늘 하루도 뜬구름 잡다가 돌아왔네
손바닥에 밴 희한한 냄새
같이 한번 맡아보실래요?

이건 또 뭐냐!

가방을 들고 나오면서
식탁 위에 놓인 책에게 인사한다
지젝 책은 장정이 좀 그래!
지젝 못 듣게 속말을 하며
신발 신고 아파트를 나선다
신호 몇 개를 건너뛰며
오늘의 가설극장 앞에 도착한다
이 대목을
다소 연극적 지문으로 묘사하자면
그는 가방을 책상 위에 올려놓고
느린 동작으로 창문을 연다
다시 책상으로 돌아와 난장판 같은 실내를
선적禪的으로 돌아보며 가방을 열고
직업적인 자세로 책을 찾는다
없다! 객석을 의식하면서
없다는 시늉을 약간 과장한다
그때야 생각한다
식탁 위에서 그를 보고 있던 책이

그 책이었던 것 그런데
한 개도 서운하지 않고
아쉽지도 않은 이 감정,
이건 또 뭐냐!

나의 변방

오랫동안 공들여 키운 건 딱 하나
거칠고 도도한 저 변방이었다네
어린 빗방울, 착한 어스름, 잃어버린 길도
나의 전공이고
김종삼, 김추자, 미켈란젤리, 경허도
나의 존경이지만
끝내 손대지 못한 당신의 침묵만은
나의 외로움이었다네
비바람 불고 천둥 치니
정신 사납게 비바람 불고 천둥 치니
모처럼 나의 국토가 장엄하다네

누가 묻거든

문득 아니 꼼짝없이 떠올라버린
낯선 생각의 모퉁이 지나가듯이
삶의 한순간을 몽땅 들켜버릴 때
없던 길도 놓치고 나는 헤맨다
갓 핀 흰 연꽃
가난한 시인이 이루지 못한 시였던 것
여름의 한복판에서 우정
수굿하게 웃어주고 지나가자
매운탕집 지나서 만났던 부도가 걸친
넘치게 밝은 여름날의 빛, 말이야 바른 말이지
가난하지 않고 어찌 시를 구하겠는가
나, 시인은 도 닦는 존재는 아니지만
객스런 마음 맨땅에 내려놓고
탁발승처럼 희게 울고 싶어진다
누가 묻거든, 울음은 나의 취미라고 대답할 것
아무도 묻지 않아도 서운할 일은 아니고,

나는 없다

이제, 나는 세상과 좀 떨어져 있어야겠다
세상이라기보다 세상을 떠받들고 있는 손들과
헤어져야겠다
다 마신 커피잔을 들어서
바닥을 한번 더 들이켤 때가
지금이다 다시는 입에 들어올 것이 없다는 것을
마지막으로 확인하는 입술처럼, 나는
입맛을 다시겠다
아침에는 커피 대신 무를 한 컵 마시고
무즙도 괜찮겠다 무의 즙은 겁 없이 늙은 남자의
소담한 폐허를 다스리기에 좋을 것이다
오후에는 아파트 뒷길을 걸어가서
논어를 읽고 있을 당신과 막국수를 먹고
당신에게서 갚지 못할 약간의 용돈을 빌리고
비브라토가 빠진 휘파람을 연습하겠다
식은 국물 같은 삶을 조심히 떠먹으면서
음악 없이 잠들도록 애쓰고
진짜로 꿈꾸지 않겠다고 서약한다

아무래도 나는 내가 아니다
찾지 마라, 나는 없다

본의 아니게

망상 해변이 늦된 철학개론서의 번안 같았습니다
아무도 못 보는 사이
잔파도 몇 소소롭게 부서지는 거 보았습니다
―나, 무사합니까?
―그 연세에 무사해서 뭣 혀?
수평선 흐트러질까 봐 조심히 떠 있는
화물선 한 척
흔들리는 지하철에서 몸 가누듯이
겨우 정신 붙들고 내 곁으로 오는 거
생각 없이 그냥 보게 됩니다 배는
내 배에다 짐 부려놓고 등 뒤로 흘러갔을 겁니다
망상 해변에 서서 이 모든 상황 속에
본의 아니게 나를 꾸역꾸역 집어넣었습니다
이 시는 그 상황에 담기지 못하고
뭉개져 흘러나온 물건일 뿐입니다
본의 아니게 그날 빗방울도 몇 점 떨어졌습니다

미시령 속기速記

찬 기운 얼얼하지만 왠지 거기
잘못 떠나서 고개 넘던 봄의 살이 묻은 듯
0도에 결빙된 숙취도 오다가 녹는다
속초로 가는 척 가속기를 밟다가
미시령 터널 나가서 바로 유턴,
울산바위 쳐다보고 휴게소에서
외옹치항 방파제 넘어온 파도소리와
미시령 거친 숨소리 얼른 섞인
아메리카노 한 잔 빨고 나니
다시 유턴하고 싶다 어디로
그건 나도 모르지
봄을, 너무 빨리 당겨 버렸나 봐

& 2부

나 살고 간 뒤

극적인 밤

한 통의 전화도 울리지 않았다
다들 어디서 뭐하는 거지?
열 내며 사는 일도 심드렁해
각자 면벽공사에 성공하고 있단 말씀인가
영하 몇 도의 창밖으로
테너 색소폰 성대(聲帶)에
흐릿하게 얼어붙은 재즈 가락이
저음으로 밤을 끌고 가는 소리 들으면서
간신히 쓸쓸함에 성공하는 밤
베토벤 심포니 5번에도 연주되지 못하고
남는 악보가 있을 것이다
낡은 오디오도 용량 이상으로
발광할 때가 있다

시차時差

서울에서 원주까지 90분
여주에서 종이커피를 비우고
북북동진하는 구름 떼를 보는 시간을 합해도
90분을 넘지 않는다
버스에서 내리며 버스 속 춤사위를 여미는
관광패들에게 좋게 웃어주고
매점에서 틀어놓은 노래에 귀를 맡겨도
90분을 넘길 수 없다
금연구역을 벗어나 담배 한 알을 더 복용하고
헛기침 몇 번을 신호로 시동을 걸면
미처 피하지 못한 증상과 얼굴 맞대듯
몇 걸음 안에 원주와 맞닥뜨린다
서울과 원주 사이에 불거지는
한 시간 반 동안의 시차는
엇날수록 휘황스런 나의 격차,
찡그린 사랑이다

김종삼 약국

잊을만하면
빗방울 같은 두통이
머릿속 후미진
주소불명의 동네를 찾아온다
커피집과 꽃집 사이에 끼여 있는
음반가게와 족발집 건너편에 있는
약국은 항상 미로 끝에 있다
벙거지 쓴 약사 선생은
손님의 얼굴을 제대로 보지도 않고
당신이 찾아올 줄 알았다는 눈길로
진단하고 건성으로 처방했다
당신의 영혼도 뻥 뚫렸군요!
두통 사이에 낀 음악과
음악 사이를 적시는 빗방울
몇 봉지 받아들고 돌아서는
처음 가보는 낯선 동네의 저녁이다

중복

난 정말 서울이 싫어
중복 날 삼계탕집에서 누가 쏜 말이
닭발이 밟고 간 국물에 튀어
진땀 난 내 밑바닥과 중복된다
니도 그러니
닭모가지처럼 고개를 꼬고
땀방울 그득한 육수를 한 입 뜬다
식도처럼 길게 늘어선 식당 입구의 사람들
닿는 데마다 육질 좋은 살꽃을 피우고 싶다
서울이 싫어지는 순간이 또 중복되면
이 뜨거운 식욕을 어찌해야 하나
뚝배기 안에 옹크린 닭에게 묻는다

성공적인 오해

내가 시를 접지 못하는 이유는
나마저 시를 놓아버리면
대한민국의 시가
영영 사라질지도 모른다는
걱정도 걱정이지만

내가 시를 쓰지 않아도
여전히 나보다 나은 시인들이 등장하여
시가 팡팡 쓰여지면서
시라는 물건이 사라지지 않을 것이라는
절박한 근심 때문이라면 어쩌겠는가?

시가 망가지면

1
게으르게 악셀레이터를 밟으며
벗어놓은 속옷에 다리 집어넣듯이
원주에 스몄다
원주도 알까?
톨게이트에 차를 들이미는데
치악산 경사면으로 쏟아진 8월의
노을빛이 손등에서 미끄러진다
어이, 거기 여직 시 쓰는 친구!

2
노크도 없이 설렘도 없이 방에 들면
주인을 위해 아껴두었던 살 냄새를
하혈하듯이 쏟아내는 단칸방의 쑥스러움
길 건너 식당에서 건너온 고기 굽는 냄새에
몸째 기대는 저런 배냇짓!

원주를 놓치고
새말까지 가서 되돌아서는 성급함이나
여직 문막쯤에서 절뚝이는 걸음이나
다 안아주고 싶도록 귀엽다
시도 이랬으면 좋겠다
소주나 한 잔 할까?
이런 밤을 자축하며

3
시가 망가지면?
시인들 속이 후련해지겠지, 무슨 걱정.
베란다에 얼굴을 내놓고
치악산 첫바람을 좀 발라야겠다
온몸이 파삭하게 분이 난 여자처럼
화하다가 환해지지 않겠나
이런 밤에 뺨을 부비며
소주나 한 잔 빨까?

새벽 기도

우산 없이, 새벽에
장맛비 속을 걸었다
차들 납작하게 엎드린 주차장을 지나
어둠에 기댄 범부채도 지나쳤다
이렇게 지표면을 어정거리다 나
사라지면, 젖은 발자국 남을 까닭 없으나
머리 위에 떨어지던 빗방울, 아린 느낌표들
소리 죽이고 흘러가 어딘가에 쌓일 것이다
이렇게 사라지면 지난밤 내 살 속에 박힌
짠한 번갯불은 어디에 숨겨야 하나
몇 입감의 기억은 식탁에 얹어두고
경비원이 잠든 아파트 정문을 나서며
다시는 돌아오지 않을 것처럼 뒤를 본다
어디 가서 이 몸 다시 받지
내 새벽 기도는 지옥을 벗어나는 것이 아니라
지옥에서 도망치다 붙잡혀 눌러 사는 일이겠다

꿈결

꿈은 사라지고
낯선 결만 남았다

붐비는 저녁

스크린에 올려놓은 화면은
프랑스판 뮤지컬 「로미오와 줄리엣」이겠고
뒤를 이어 귀가 저문 베토벤이 흐른다
흐른 것은 뜨물처럼 앉아 있는 나였겠지
에릭 크렙톤도 나오고 재즈도 나오다가
이선희와 심수봉도 나서는 밤이다
씨디 껍데기 글자를 읽기 위해
확대경을 들이대는 주인의 어깨도 출렁거린다
음악이 꺼지고 침묵도 사라진 텅 빈 스크린
소리에 가려서 늦게 뜬 별 하나가
이웃별에게 초조히 붐비는 저녁이다
그 저녁 내게는 어째
영혼이 없다는 생각만 붐볐을까?

4월의 어떤 밤

먼 데서 돌아온 듯 착각하는 밤이다
방문 열고 들어서니
숫기 없는 아이처럼
방 안의 어둠이 몸으로 놀라는 소리
저 혼미하게 널브러진 옷가지들
다 누구의 허물이냐
재킷을 벗고 바지를 내리고
양말을 벗고 차례로 다 벗겨내도
그래도 자꾸 남는 껍질은 무엇이냐
허물을 다 벗고 보니
오, 이런, 피부가 사라졌다
어딜 좀 만져주고 위로하고 싶은데
위로해줄 거시기가 없어졌다
피부가 나의 깊은 속이었구나!

내 가면 내가 쓰고

하회마을로 가다가
그냥,(그냥이 존중되기를)
난폭운전하듯이
핸들을 휙 꺾어
길 잘못 들어선 자의 얼굴로
병산서원으로 들어서기
만대루晚對樓에 올라
홑이불 같은 산 바라보기
서원 입구 배롱나무에게
싱거운 눈 주기
아쉽다 싶을 때
그냥 돌아서기
그 전에 약빠르게
날름 하회탈 빌려 쓰고 아니
내 가면 내가 쓰고
오던 걸음 과속으로 재촉하기
그렇게 살기를 나에게 강추!

장사익 버전

다 들었다고 해도 장사익을 듣다 보면
여전히 바닥에 가라앉아 뜨지 못하고
엉금거리는 찌질이가 남아돈다
밥솥 바닥에 붙어 있는 밥풀 같은
음료수병 저 안에 묻어 있는 물기 같은
정갱이에 남은 어린 날 상채기 같은
그것들은 여전히 남아서 저들끼리
일촌一寸의 혈연을 맺는다
냉장고 손잡이 안쪽에 묻은 지문 같은
질 속에 묻은 정액 같은
얼굴에 스민 초배지 같은
저들은 저들의 입속에 혀를 넣고 있다
지워진 맨정신 같은
마치 죽은 자의 이름 같은
얄궂은,

숭고한 생

선생은 말했다.
가짜 양주가 더 화끈하게 취한다고!
야바위 영업을 위해 밤늦도록
고객과 주인의 자리를 바꾸면서
속임수를 연습하던 사기꾼들의 생계!
오래도록 잊을 수 없다
가짜 꿀 만드는 부부에게 방을 세놓고
틈나면 셋방의 일손을 거들었다는
가수 조영남의 어머니
아들: 권사님이 그런 일을 하면 쓰겠어요?
엄마: 그러니 어떡하니, 방세가 나오지 않는데
쪽 팔릴 때마다 민낯으로
숭고해지는 생이 있다

나 살고 간 뒤

그는 시집 한 권과
한 권에 못 미치는 후일담을
남겨놓고 사라졌다
그래도 그는 좋겠다
이 마당에 밥이 입으로 들어가느냐는
소리는 안 들어도 되겠고
다 살고 갔다는 소리도
비켜갈 수 있으니까
나 살고 간 뒤에도 세상에는
햇빛과 꽃과 구름과 웃음소리와
골목길과 손뼉과 아롱거리는 고민 남아
웃다가 울다가 날 저물어라

두서없는 봄밤

내가 사랑한 여자는
시집 같은 여자가 아니라
시집 갔다 되돌아온
시집의 뒷표지 닮은 구식 여자였을 게다
봄저녁 같은 여자였을 게다
낮은 돌담에 찔끔 핀 개나리 사이로
말까 필까 엉덩이 들썩이는 여자였을 게다
환경청 사거리 벚꽃 그늘을 걸어가며
허밍으로 운명의 보폭을 맞추는 여자였을 게다
가끔 거리에서 울고 있는 여자
슬픔 앞에 방긋 웃는 여자
증상만으로 꽃 핀 여자
바로 당신이 아니었을까

폰카 작가

아시겠으나, 나는
폰카 작가
입추 지난 첫 하늘의 속살을 찍고
뭉게구름을 찍어댄다
평생 탐했던 것이 저것이었던가 싶은
구름을 폰에 담아온 날 저녁
밤 깊어도 밤은 깊어지지 않고
그저 둥둥 나는 구름처럼 흘러갔다
뭉게뭉게 흐르다 멈춘
새벽녘
끝없이 재생되는 한 떼의 외로운 몽상
사라지지 못하고 피어오르던 나의 구름
덧없는 공기더미를 움켜잡으려
미련한 밤을 지새웠으니
가련했구나, 일개 폰카 작가여

3부
더 큰 잔으로!

속옷

얼굴에 술을 묻히고 들어온 날
샤워를 하면서 속옷을 빨았다
부드러운 짜증이 솟았다
이러고 싶다는 게 아니라
이딴 연기를 하고 있다는 게 아니라
나처럼 수긋하게 견뎌본 적이 있느냐며
거품 물고 싱긋 웃고 있는
사랑스러운 피부 때문이다
철들었다면, 그 밤이어야 한다

구의동 블루스

2호선 구의역 부근에서 선생과 낮술을 걸쳤다
시적인 외모를 가진 여자도 동행했다
낮술의 취흥이 이끄는 대로
우리는 노래방으로 흘러갔다
이것저것 꿍짝꿍짝 낮공연은 시작되었고
깊은 속을 가질 수 없는 백일몽도 깊어갔다
선생과 시적인 여자는 블루스를 땡겼다
선생의 블루스는 적막하고 기묘했다
한 채의 가건물처럼 뎅그런
실패한 혁명을 회고하는 동지처럼
병든 이념처럼, 구의동 블루스는
제풀에 꺼져버리는 역사를 상연했다
춤에서 풀려난 선생이 여자를 가리키며
툭 던진 한 마디
ㅡ자네도 한번 추지?
ㅡ자네도 한 잔 들지?와
통사 구조가 같았던 선생의 말씀은
때로 적막하고 기묘하게 나를 건드린다

멋모르고 살아가는 나의 증상에 딱 맞는
옷을 걸치고 싶을 때마다
그날의 블루스가 떠오르지 않을까

미니멀리즘

입 하나, 하나면 돼
반쯤 꿰매도 되고
귀 둘, 둘은 많아
둘 다 막아도 되고
앉은뱅이책상 하나
라디오(고물이라도 통과)
방은 한 칸, 아니 반 칸도 족하다
아침마다 삼킬 몇 모금의 산소
현악5중주는 빼고, 저 송광사
새벽예불에 목어 거칠게 두드리는 소리
날마다 처음 뛰는 가슴
이것이면 됐다
아무것도 갖지 않겠다는
허영만 즐겨도 배부르다

시의 걸음

시는 뒷골목을 서성이는 잔걸음에
이름과 촌수寸數를 주는 일이던가
연구실 문을 닫고 집으로 돌아오며
오리나무 가지를 건너뛰는 참새가
허공에 발목 빠뜨리는 소리에 놀랐지
단칸방의 허기를 달래려
라면 봉지를 뜯을 때
봉지의 거죽이 거죽끼리
거죽대는 소리
오다가 멈춘 시의 걸음이었을까?

빈 방

집을 오래 비웠다
엘리베이터 단추를 누르는 손가락이
자중지란으로 부산스럽다
비어 있던 방 안이 남의 살림만 같다
나 없는 사이에 누군가 살다 갔을까?
전등도 몇 번 켜졌다 꺼진 것 같고
유리문을 밀고 들어온 햇살무늬에는
방의 비밀번호가 찍혀 있다
타다 만 향 끝에 남은 재가
제 온기를 품느라 바스랑대는 방에
누군가, 제 집인 듯 시침 떼고
일 년 내내 벽에 걸린 달력 속
티베트 소녀의 눈에도 들키지 않고
나 대신 며칠 살다간 심심한 흔적
설마, 나 없는 사이에 내가?

봄산

발목 가는 여자가 딛고 간 봄산에
비가 지나가자
촘촘한 빗금이 쳐진다
연산홍 붉은 저녁도 산으로 돌아갔다
매 맞고 집 나온 아이같이
얻어터지고 기진하면서 웃고 싶을 때
당신은 산벚처럼 화들짝 피어서
누구 마음의 무늬가 되어도 좋겠다
꽃으로 잎으로 번져가는 산 밑에서
피다가 지다가 또 피다가 지다가
맨손체조 같은 동작을 되지으며
이 한철
나는 봄산의 무의식만 보고 가겠다

마음의 꼬리

잠 속이 허전히 비었을까,
선잠이 봄비에 스미는 소리
수줍게 걸려와 말없는 전화
공기방울 뛰어다니는 소리
점, 콕 콕 찍힌 월드 와이드 웹은
마음에도 있었던 모양
((침묵이 입을 연다))
젊은 소나무 밑둥으로
번져가는 참꽃의 화심花心이
두근거린다
모든 하부가 저리 환했으면 싶어
창문을 빼꼼해 둔다
마음의 꼬리 움직이게,

십일월

십일월은 시월이 벗다가 남긴 허물이다
왜 아니겠어,
지다 말다 우두커니 서 있는
은행나무, 그 옆에
바람이 아랫배를 대고 간 초등학교 운동장
공터가 훤해서 혼자 웃었다
지나가던 개가 하늘을 쳐다보다
한 발을 접질리며 제게도 없는
웬 불성佛性을 몇 점 흘리기에
얼른 주워 마음에 비벼넣는다
바람 따라 올라갔던 은행잎 몇이
수근거리며 허공을 내려오는 길에
십일월의 모서리를 타고 흔든들
저런들 어떠하리는 아니겠고,
지나간 시월과 십일월이 살 맞대고
웃음과 눈물이 우연히 짝짓는 틈새
늦가을 한때가 수수하게 정리된다

더 큰 잔으로!

물독 두드리며 정선아라리를 부르는
자매들 소복 사이로 선생이 다가선다
소리를 만져보고 싶은 걸음으로
다가서더니 다음에 하지, 하시며
포기하실 때
망초보다 섭한 표정으로
시인은 다음이 지금이라는 걸 깨우치고
맥주컵에 빗방울 섞인 소주를 따르며
외쳤으리라
더 큰 잔으로!
술잔에 튕겨 오르던 빗줄기!
노시인의 전신이 환해져서
눈부셨으니 그 밤!

칭따오로 가는 배

칭따오로 가는 배 위에서
자주 나를 덮치던 밤바다의 수심
거품 같은 수심이 있다는 것
생각의 지문이 남아 있다는 것
봄날의 외곽순환도로를 타고
김포들녘을 지나갈 때 편대를 벗어나
중뿔나게 날아오르던 새처럼
나는 그런 내가 있다고 믿어왔었다
자유롭게 살았고 자유롭게 실패했으므로
더 바랄 게 없다고 단언하기도 했다
선실에서 거나하게 내다 본 바다는
수평을 유지하느라 밑바닥에 가라앉은
수심 전체를 홀라당 뒤집고 있었다
칭따오로 가는 배를 타고 있는 내게
거세되어도 좋을 픽션 하나 없다니!

사는 게 별것인 날

윤이상의 목숨을 구하기 위해
박정희 대통령에게 편지했다는 그
폰 카라얀이
내 삶의 배후인 14평
원룸 라디오에 나타나
베를린 필 하모니를 지휘한다
곡명은 놓쳐버렸지만
미적거리던 새벽이 윗몸을 일으키며
움찔거리는 거 실눈으로 보면서
샤워 마친 맨몸에 대금 들고
삑사리나는 협연을 했다
몸이 밝아왔다
사는 게 별것인 날이다

춘심春心

봄날은 잘도 간다
오지 않고 미리 가버린
짧은 황홀의 흔적
봄은 맥 빠진 타령조를 건너뛰고
살구나무 가지 사이
비와 눈 사이에 딱 멈추었다
손에 꼭 쥐고 있어야 할 것들
쥐고 있다는 꿈조차 잊었다면 어쩔 건가
빗방울 굵어지는 밤
비 오는 소리 몸에 스며 따로 돈다
봄병病 도지는가
눈이다가 비이다가
자정 너머로 흩뿌려지는
눈 섞인 비
그걸 붙잡으려다 깬 꿈이 시리다

혼잣말

산동성 웨이팡 거리에서
양고기 꼬치를 굽는
위그르 청년의 잘 생긴 얼굴이
연기에 가려 아슴해지듯이
황하가 몸속에 지루한 몸을 감추듯이
사연도 없이 중국행 밤배에 주저앉아
치악산 보문사 허공 떠올리듯이
몸에 걸려 있는 혼잣말이
칭따오 맥주 한 모금에도
꿈쩍하지 않는다

이런 날

말복이 지나지 않았다는 걸
뒤늦게 알고 찔끔하는
가을날의 숫걸음이 들키는
이런 날
이삿짐을 싸들고 나서 자꾸
뒤를 돌아보는 까닭은
밍그적댄 궁둥이자리 같은
무엇이 남아 있어서가 아니라
몇 년, 속 붙이고 살았던
마음 다시 보고 싶어서가 아니라
내가 살던 쓰린 자리에 아무것도
남아 있지 않다는 엄연함 때문이었을 거다
방바닥에서 떨어지지 않으려는
머리카락 한 올을 달래면서
자장면 배달을 기다리는 동안
이삿짐 사이사이 신문지 구겨넣어도
빈 곳이 남아돈다
놓고 갈 게 없어 들고 있는 날이다

억새 틈에서

억새들 몸 비우느라 서로 흔
들어주는 강변,
남의 몫까지 대신으로 몇
번 더 흔들리는 사이
강바닥에 부리 비비던 새가 고개
돌려 휙 본 풍경
억새 허리에 새겨진 장
마의 수위를
어슬렁대던 바람 떼가 지우고 간다
억새 형제들 틈에서
담배 한 개피 타는 동안
서성대다 발길 거두는 자리
길고 노란 잎사귀로 덮지 못한
억새의 속이
허공으로 덧난다
가을볕에 녹다가 멈춘 생
이 쌩으로
또렷해지는 날이다

밤의 우좌지간

빌려 온 씨디를 노트북에 밀어 넣고
침대에 엎드려 신간을 읽다가
몸이 기우뚱했던 때문일까
낯선 정서가 가슴 위에 엎질러졌다
문틈으로 들어온 자정 너머의 빗소리
씨디가 먼 곳을 돌아 제자리로 돌아오는 동안
그 리듬에 맞추듯이
몸을 헐고 나가는 마음에 발이 달렸다
당신은 알고 있을까?
음악을 죽이고
빗소리를 올릴 것인가를
망설이는 동안,
노트북에서 새고 있는 잡음이
더 빗소리 같은 밤의 우좌지간을,

연변풍風

*

더운 날 연변을 떠도는
해란강 한 줄기
어느 물에 섞일지 몰라
자주 일송정을 힐끔거리듯이

**

이도백하二道白河의 밤은
'하늘과 바람과 별과 시'가 분별되지 않는 백야를 이끌고
반半민족주의자가 묵고 있는 호텔을 방문한다
나는 늘 바깥에 있다
연변대학을 중퇴한 소녀의 술시중을 받으며
민족의 미래를 걱정하기에는 여름밤이 너무 짧다

***

용정벌이 군데군데 벗어놓은 외로움이
연길시 뒷골목에 숨어 있는 봄날여관으로 찾아와
연변자치구 사람들의 숨길을 데워준다

그 집에 들어 민족의 문신을 확 지우고
전신마사지를 받아 봐?
-오바, 팁 줘!

****

이른바 조선민주주의인민공화국을 건너다보면
천지로 귀환하는 두만강도
노 젓는 뱃사공도 김정일 국방위원장도
북한측 화전도 다 불가피한 심란이다

*****

용정시 대성중학교
팔월의 햇빛에 익어가는 윤동주시비 앞에서
한 점 시시비비 없이 물었노라
돌아오는 정선 5일장에 무엇을 내다팔까요?

묽은 가을

원룸의 적막이 아까워
서울을 가지 못하고 밍그적거리는 날
한 입감의 입덧 같은 가을이 섰다
열 평 남짓에 내가 있고
나의 적막이 있었구나
초급 자취생처럼 빨래를 하고
베란다에 여러 필疋 허물을 건다
커피 물 끓는 동안
한 장의 뭉게구름도 기다린다
올가을엔 수식 없이 울 수 있을까?
파산선고장 같은 손을 들여다보니
거기 오지 않던 한 장의 뭉게구름 피었다
꿈속에 누가 다녀간 흔적 같은
묽은 가을이 옆모습으로 박혀 있다

4부
휘갈겨 급히 쓴 시

주문진항

겨울 저녁 어스름이 깔린 어판장에 들어서니
나는 빈손이었어
어렵게 왔던 1월이 막 항구를 떠나려는 때에
마음도 비우고 몸도 비우기 위해
가난한 불빛 반짝이는 이 동네에 온 것은 아니지
걸음 가는 대로 버려두고
축항을 넘어온 고단한 파도소리 좀 달래주고
나를 따라왔던 웃음소리 울음소리
발걸음 죽이며 물러나는 기척을 못 본 척하자
아직은 내 피 따숩고 온화하다
나, 저무는 항구의 풍경이 되어 있는 줄
아무도 모른다는 사실은 나의 안심이다
내 안에 불빛들 반짝일 때 천천히 돌아가자
이 어스름, 어부들의 방언, 항구에 갇힌 불빛을
한꺼번에 다 잊어버리고
아무나 붙들고 활짝 웃어 보자

말의 헛울음

우주의 허공 속에 둥둥 떠서
지구별을 응시하자
누구는 밤벚꽃에 목을 매고
누구는 손목을 긋고
누구는 술잔에 머리를 담구지 않겠나
시는 아무렇게나 휘갈겨야 될 것을
말의 모서리를 맞추는 장난은
시들하고 치사하다
우주의 속이 내 속으로 들어왔기 때문이다
애당초 가져보지 못한 것을
잃어버리기 위해 분주한 지구별의 사업이라는 게
말의 헛울음을 닮았기 때문이다
삶이 형편대로 헝클어지듯이
말은 본래부터 제자리가 없으니
시는 아무렇게나 휘갈겨야 옳겠다

자거다치 밤기차

장장 열두 시간 기차는
어두운 서사시처럼 달려간다
하얼빈에서 자거다치加格達奇에 이르는
북만주의 밤이 길게 늘어선다
외로움을 이기려 마셨던 52도짜리 중국술이
몸 밖으로 기어나와 희게 응고된다
백석도 청마도 이 기차에 마음을 기대고
제 삶에 펌프질을 했을까?
聞鐘聲煩惱斷
한 점 종소리 들려오지 않는
황량감은 뜨겁고 숭고한 번뇌다
일생에 저 만주벌 같은 생생한 들판
무량히 남아 있기를,

사라지는 기술

유태인 건축가 루이스 칸, 방글라데시 국회의사당을 유작으로 남긴 20세기 최고의 몽상가. 그런데 그분 사생활은 난장판이었다는군. 세 명의 여자에게서 에미 다른 자식을 세 명 낳았고 다 버렸다는군. 자신을 위해서는 어떤 건축물도 설계하지 않았다는군. 뉴욕 정거장 화장실에서 심장마비로 작고했는데 73세였다지. 주민등록증도 유언도 없이 사라졌다는군. 난장판을 난장판으로 살다 간 죄. 자기 삶을 허무는 독보적 기술만은 그의 건축술보다 빛났지 아마. 우좌지간! 누구든, 이 세상 떠나는 날은 이유 없이 화창하라.

내몽골의 흰 밤

내몽골 자치구 아리허阿里河를 거쳐
몽골식 빠오 세 채 서 있는
진장한 초원에 발을 붙였다
궁륭穹窿 같은 하늘벽이
저녁놀에 뜨겁게 전소全燒된 뒤
내몽골 극점을 타고내리는 백야에 얹혀
이마 위로 별이 떨어졌다
오래도록 내 안에서 깨어나지 못한
숫별을 기다리던 그 밤
누군가 흰 밤을 걸치고
한 점 마음도 없이 몸만 데리고
초원을 건너가는 모습을 보았다

시가 어쨌다구?

너를 굶길 만큼 애틋한 사정도 없이
그저 점심 굶고 시를 쓴다
구내식당에서 밥을 먹일 수도 있고
소초에서 쌈밥을 먹여줄 수도 있고
신림쯤에서 더덕구이를 먹일 수도 있겠는데
기분 뜨면 낮술도 한 잔 먹일 수 있겠는데
그저 정식으로 앉아 굶으면서 시를 쓴다
어깨를 타고 온 저릿한 통증도 모른 체
차 마시러 온 손님도 물리치고
시험감독도 지각하면서 시를 쓴다
어느 날 너가 정신 차리는 날
귀래에 가서 목삼겹을 구울 수도 있다
무실동 흑맥주를 먹여줄 수도 있다
오늘은 그저 굶으면서 시를 쓴다
시를 굶어도 안심될 그날까지
굶으면서 시를 쓰는 팔자를 너가
운명으로 받을 때까지 굶으면서
시를 써야 하리라

(다음 행은 귓속말로)
그놈의 시가 어쨌다구?

마음 미지근한 날

마음 미지근한 날은
동해안 주문진항에 들러보시라
어판장에 굴러다니는 명태의 눈알에 비친
하늘을 보아도 괜찮다
마음이 분명해질 것이다
바다를 밀고 오다 멈칫하는 잔파도를
순간적으로 사랑하면 더 좋지 않을까
손톱으로 푸른 지평선을 튕겨보면 즐겁다
대야에서 장난치는 복어의 아랫배를 보고
그의 독을 상상하면 얼마나 짜릿한가
항구를 빠져나오며
희미하게 오감을 건드리는
생선들의 몸냄새를 떠올리면서
당신은 인정하게 될 것이다
당신이 끌고 온 수레에
차고 넘치는 저 어수선한 물건들이
너무나 죄 없다는 것을
모든 운명이 정시에 도착한다는 사실도

밤은 기억할까?

비바람 불다 멈칫한 사이
빗금쳐진 시간 속으로
멎었던 바람 다시 불었다
나직하게 식은 커피 한 모금
자정이 겨우 넘는다
책상맡을 지키는
주석이 본문보다
황잡스런 책
잡으려니 활자가 따갑다
심도 깊은 어둠이 무너지던 소리
맑은 요통 같았음을
밤은 기억할까?

한 끼의 슬픔

세 명의 박사과정 수강생과
밥 먹으면서 종강했다
대관령 넘어가서
밥 한 끼 먹고 떠나온 셈이다
파도소리도 못 듣고
잠든 솔바람소리만 귀에 넣고 왔다는 뜻?
모든 뒤가 허하다
바람에 불려가던 너무 가벼운 넋
너만이라도 멀리 가기를 빌면서
초자아 선생이 졸고 있는 사이에
오디오 볼륨을 확 높이고 급발진했다
인문대학 뒤편 소나무 떼가 활짝 놀라면서
넋 놓고 터 준 길을 타고 대관령에 들었다
수저 없이 한 끼의 생을 퍼먹은 날이다
가끔 슬플 것이다

비틀즈가 바로크를

비틀즈가 바로크를 걸치고 나서듯이
당신의 얼굴을 잠시 빌려 쓰고
지갑 없이 원주시 군인극장 매표소 앞에
줄 서서 한 시간쯤 기다려 보면 어떨까
(퇴고하는 동안
군인극장은 철거되었더군!)
엇박자로 걸어가던 늦은 저녁이
과로로 깨어나지 못한 가로등을
어루만지는 것도 좀 보고
붐비는 제과점 모서리의 은행나무에
기대어 헛폼을 잡아도 뭐 어떻겠는가
저소득의 추억이 되살아온들 어떻겠나
골목 안 슈퍼에 들러서는 물건보다
주인의 권태를 제값 주고 사야겠다
가면도 벗어주고 헌 몸도 맡겨두고
돌아설 때 짖어대는 어설픈 개가 있다면
덜렁 안고 돌아와 시를 가르친들 또 어떻겠나

쓸쓸한 맛

늦가을날 여기까지 굴러왔다
여기가 어딘지 알다가도 모르겠고
강물소리 귀 끝에 닿다 마는 사이
무른 절벽은 애달프다
애가 닳아도 별수가 없다
돌벽에 실금 가는 사연도 각각 다르다
옛 주인이 흘리고 간 마음인 듯
폐가의 감나무는 홍시를 와르르 달고 있다
따먹고 싶어도 엄두가 나지 않는다
쓸쓸한 맛!
삼키면 되게 독할 것 같다
강물에 발목 담갔다가 힘 빠져서
미처 제 높이를 만들지 못하고 남아도는
시건방진 뼝대는 내가 데려간다
잘 키워서 의형제 맺어야겠다

휘갈겨 급히 쓴 시

부론에서 회항하는 길
발바닥이 젖어 있다
내가 물 위를 걸었더냐
내 또래 산벚나무가 기대섰던
산신각 근처를 어정대다가
멧새가 급히 삼킨 적요를
되뱉는 시늉을 봤다
단청 없이 견디는 대웅전 뒷길로
훌훌 져버리던 목련이 미완으로 남긴
한 잎의 고요를 친견함
부처가 성불하기 직전에
몸에 붙은 허전을 입가심하러 다녀갔을법한
절집을 내려오면서 읊은 대사 한 줄
왜 모든 길 끝엔 절이 있느냐
젖은 발바닥에 묻은 꽃잎이
뜯긴 살점마냥 비리다

금년 여름

원주도서관 앞을 지나는데
고농축 밤꽃향이 덮쳐
빈 속을 눈치 있이 뒤집는다
라디오가 흘린 랩소디 한 소절의 저역低域이
무너지고 정체 모를 악기가 제 음보다 더 높은 소리를
질러댄 것도 그때였을 게다
사거리를 통과하면서
누군가를 치열히 미워하고 싶어졌다
기왕이면 극렬 반체제주의자가 되는 게 낫겠다
몸이여, 모든 허기여, 노 땡큐!
쾌락과 분노는 다르지 않다

12월의 각주

빈 지갑을 자꾸 열어보게 되는
벌쭘해서 남모르게 슬쩍 웃다가
찔끔한들
통음하던 새벽에 하늘 훔쳐보듯이
제대로 살아보고 싶은 욕심은
12월 31일 자정까지 식지 않는다
열 받은 노트북의 소음이
몸으로 옮겨붙어 시끄럽구만
이 잡음!
영월 가다 길 잘못 들어 만난
엄둔계곡의 물소리, 속이 텅 비었더군
제 속의 허공을 두드리는 소리가 제법 맑았음
물소리의 뜻이 아니라 단지 물소리에
귀를 대고 12월을 지나간다

늦밤, 추신追伸 같은

원주시
단계동 호프집 '마셔'에 붙어앉아
맥주를 마시는 간간히 더러
객스런 표정 바꾸려고
나가서 왼쪽으로 꺾이는
화장실 다녀오는 늦밤,
추신 같은 함박눈을 만났다
2월 끝자락에 찾아온
미련스런 아우성이다
이런 밤에 집에 가야 하나?
그럼, 가출했는데 또 해?
제자리로 돌아오는 거 잊은 척
선 채로 눈길 가 닿은 저편
24시간 편의점 유리문 앞에
불꺼진 씨거 삐딱하게 물고
없는 길 한사코 묻는 사람 있다
혹시 알바하는 라캉 선사?
갑자기, 그 양반 유언이 궁금하다

오감五感을 열 수 있다면

하산길에 동네 서점에 들렀다
재혼부부처럼 꽂혀 있는 시집 두 권
금방 산에서 따라온 온 생강나무 향이
시집 근처를 살랑거렸으나 그래도
잘 살라고 달래주고 싶은 걸 꾹 참았다
(이 대목에서 살짝 마음 시리다)
시를 잘 쓴다는 거
무슨 뜻인지 통째로 헝클어진다
B급 루머에 속지 말자
시를 잘 쓰다니! 들어라,
이제 나는 잘 쓴다는 정념을 접는다
그건 사는 일보다 심하고 더러운 연기演技다
그저, 오감을 열 수 있다면,

| 해설 |

'나는 없다'의 변주곡
― 박세현 시집 『본의 아니게』

김정남_(소설가 · 문학평론가)

일부러 다리에 힘을 빼고 걸어야 할 때가 있고, 목에 힘을 빼고 담담하게 노래를 불러야 할 때도 있고, 똑바로 보지 말고 빗봐야 할 때가 있다. 근 30여 년 동안 6권의 시집으로 생의 자리를 베어내었으니, 그 곡절들이 지나간 만큼 관록이 몸에 붙기 마련이다. 김정호가, 김민기가 핏대를 세워 노래 부른 적이 있었던가. 그의 시에 화려한 수사와 기교가 있는가, 감정의 과잉이 있는가.

그의 첫 시집 『꿈꾸지 않는 자의 행복』(1987)으로부터 『사경을 헤매다』(2005)에 이르기까지 변하지 않은 점 하나가 있다면, 끊임없이 떠돌고 있다는 사실이다. 차를 몰고 떠돌고, 집으로 들어가지 않고 떠돌고, 음악을 듣고 떠돌고, 사람들 사이에서 떠돈다. 본의 아니게, 말이다. 그가 어딘가 정주하지 못하는 이유는 생래적인 변방의식의 소산일 수 있겠지만, 그 때문인지 그의 시의 구질은 언제나 직구와 커브의 중간쯤 되는 슬라이더다. 가장 직구를 던진 것처럼 보이는 『정선아리랑』의 경우도, 기실은 그들의 삶을 관찰하는 구경적 시선이었다. 그 변방적 삶이 시인의 생에 켜켜이 들어앉은 시간이었겠지만, 그것은 보편적 지명으로서의 정선이었다는 것이 내 생각이다. 그런 의미에서 그 시절, 그의 시를 놓고 민중적 정서 운운한 사람들은 전적으로 헛다리를 짚은 셈이다.

식자우환의 먹물과 고독한 한량의 중간 지점에 그의 시가 놓여 있다. 한량은 죽어도 기생집 울타리 밑에서 죽는다, 는 말처럼 그의 시는 갑갑한 대학 연구실과 허름한 동네 호프집 사이에 심드렁하게 담배 꼬나물고 앉아 있는 모습이다. 여기서 스스로를 생각해 봐야 답이 나오지 않는다. 내가 어디 있는가. 나는 늘 내가 생각하지 않는 곳에 존재할 뿐이다. 그 뭐냐, 라캉 선사의 말대로다. 나라는 기표는 늘 떠돌고, 결국 나는 없다는 얘기다.

말하자면 이런 식이다. 7번 국도를 따라가다가 38휴게소 구석에 있는 컴퓨터 운세기에 지폐를 넣는다. 그런데 거기선 에러 메시지만 흘러나와 스냅 같은 고장 난 운명의 편린과 마주친다든지(「고장 난 운명」, 『치악산』), 중앙고속도로를 질주하다가 낙동강 쉼터 나무의자에 앉아 미처 따라오지 못한 정신을 기다리며 꿈이 제 몸을 지나치는 풍경(「중앙고속도로」, 『사경을 헤매다』)을 바라보는 일이다. 고장 난 운명에 수긍하며, 내가 나를 부단히 떠나 마침내 꿈을 꿈으로만 보았을 때, 비로소 '본의 아니게' 조금도 윤색할 수 없는 발가벗은 현실과 맞닥뜨리게 되는 것이다. 그 본의 아닌 현실이, 홍상수 영화의 시선처럼 적나라하게 때론 삐딱하게 펼쳐진다. 「강원도 저쪽」에서 '대충 살다 죽어라'라는 라캉 씨의 말을 곱씹고 있는 형국이랄까.

하지만 이 말을 해야겠다. 그의 시의 발화지점은 늘 날카롭고 위태롭다는 사실. 내가 말이야, 라고 말하고 싶을 때, 나는 늘 외출 중이기 때문이다. 그럼 나는 어디에 있는가. '되돌아올 수 없는 거리' 저편에 '나를 벌 세워놓았'다. 그의 시가 아픈 이유는 여기에 있다. 드러난 현상 저편에 늘 내가 외로운 형벌의 시간을 보내고 있는 것이다. 겉으로는 생을 관조하듯 냉소하지만, 그 안에는 곪아터진 시간과 상처가 있다.

여름밤이 찾아와서 나를 손짓했기에
반바지 입은 치악산 자락으로 빌빌거리며

놀러간다 산 속에 남아돌던 펑키한 바람 떼가
무작정 아래로 무너져내린다 이 저녁에는
작정 없는 꿈을 사랑하자 저 바람의 민무늬가 몸에
닿는 대로 아련한 문신으로 터진다
마하반야바라밀다 불빛 밝은 국형사 설법전
수입산 기둥에도 바람의 입자국 묻었다
옛날 학예회 무대 같은 극락의 내부가
먹자골목의 소란처럼 시끌벅적하다
시간의 살집이 손에 미끈둥 잡힌다
죽으면 없어질 것들일수록 부피 두텁고
소란스럽구나 귓가로 몰려드는
절 옆구리의 물소리 따라가다 길 놓쳐주고
열대야에 얼굴 맞대고 무박으로 흘러간다

(이튿날)
다시 가보니, 국형사에는 설법전이 없다
(그럼, 엊저녁에 본 것은?
없다면 없는 것이지, 말이 많군, 거사가 본 것은
설법전이 아니라 관음전이었던 것
알겠나? 모르겠습니다)
손바닥만 한 대웅전이 더워서 붓다는
연방 손부채질을 하면서 관음전에

주로 거처하고, 낮에는 불사 중인
설법전 포클레인 공사를 감독한다고 들었다
―좀, 크게 지어라, 크게.
대웅전이 좁아서 내 말도 자꾸 좁아지지 않니
요즘엔 내가 한 말도 거의 잊어부렀다
이래 가지고야 영업하겠나!
범종각 옆 후박나무 짧은 그늘에서 붓다는
팔만사천 법문을 여여히 잊어가는 중이었다
―「후박나무 짧은 그늘」 전문

 나는 이 시에서 그 특유의 위악적 포즈를 발견한다. 여름밤이 찾아와 손짓하기에 반바지 입은 치악산 자락으로 빌빌거리며 놀러간단다. 산에 가니 '산 속에 남아돌던 펑키한 바람 떼'가 화자를 맞는다. 여기서 빌빌거리다, 라는 자조적 술어와 댄스 음악을 지칭하는 펑키한, 이라는 관형어가, 여름밤 촌티 나는 원색 패션처럼 박혀 있다. 마찬가지로 설법전의 기둥도 '수입산'이며, 그것도 산사에 있다고 바람의 입자국이 묻어 있다. 극락 내부는 어떤가. '먹자골목'처럼 시끌벅적하다. 이 어울리지 않는 미장센을 도대체 어찌할 것인가. 화자는 말한다. '죽으면 없어질 것들일수록 부피 두텁고/소란스럽'다고.
 그러니 이튿날 만난 '붓다'도 손바닥만 한 대웅전 덥다고 연방 손부채질하면서, 포클레인 공사를 감독하고 있는 중이다. 좀 더 크게 지으라고, 이래 가지고 영업하겠나, 불평하면서. 이렇게 붓다는 공사장 감독관으로 취직하고, '팔만사천 법문을 여여히 잊어가는 중'이다. 이렇게 성속聖俗이 전도된 희극적 분위기 속에서 나도 없고, 붓다도 없다. 모두 죽으면 없어질 것들이다. 그러니 이렇게 소란스러울 수밖에!

1
가을 밤 65번 동해고속도로 위
차 한 대 없다
모두들 지나간 끝물에 나 혼자?
괴기스럽고 숭고한 지경이다
(설마 동해시장님이 시인을 위해
길을 비웠을 리는 없고!)
못 믿겠다면 당신도 밤 아홉 시 시월 중순쯤
이 도로를 타보라
망상꽃을 피울 수도 있을 것이다

3
망상과 옥계 사이를 지나며
온갖 답이 없는 생각을 맺었다 풀었다 하며
오매불망 나의 꿈이요 존재론적 삐끼였던
거시기에 관한 결정적 과대망상을 포기한다

> 밤바다 옆에 있는 옥계휴게소를 거치지 않고
> 망상과 옥계 사이 밤파도 뒤채는 소리를
> 듣는 둥 마는 둥, 폭음처럼 과속하며
> 그 밤을 **빠져나왔다** 훗날이여 오늘의 나를
> 기억하지 말고 단칼에 지워다오
>
> ―「망상과 옥계 사이」 부분

 여기 다시, 박세현 시인의 전매특허인 차 몰고 어디론가 떠나기! 장소는 차 한 대 없는 65번 동해고속도로 망상과 옥계 사이다. 동해엔 웬 행차였을까. 시인은 1과 3 사이에 그 사연을 끼워 넣었다. 무슨 공연(강연으로 추측됨)이 끝나고, 젊은 시절을 함께 보냈던 문우 한 사람을 만났으나, 문학에 대해서는 한 마디도 않고, 길거리의 가출 여고생이나 감상하고, 배롱나무의 수령에 감탄했을 뿐이라는 얘기다. 그들은 '사랑을 확인하지 못한 연인처럼' 허무하게 헤어지고 만다. 이제 다시 고속도로 위다. 망상과 옥계 사이를 지나치며, 화자는 답이 없는 생각 사이를 헤매다가, '나의 꿈이요 존재론적 삐끼였던 거시기에' 대한 과대망상을 포기한다. 문학이라는 이름의 거시기! 밤거리의 '삐끼'처럼 문학이 그를 유혹했고, 뭔가 있는 줄 알고 따라가니, '망상꽃'만이 초라하게 피어 있더라는 얘기다. 그런 의미에서 시인에게 자신과 세계는 이미 맥 **빠진** 연극처럼 진부하다.

이제, 나는 세상과 좀 떨어져 있어야겠다
세상이라기보다 세상을 떠받들고 있는 손들과
헤어져야겠다
다 마신 커피잔을 들어서
바닥을 한 번 더 들이켤 때가
지금이다 다시는 입에 들어올 것이 없다는 것을
마지막으로 확인하는 입술처럼, 나는
입맛을 다시겠다
아침에는 커피 대신 무를 한 컵 마시고
무즙도 괜찮겠다 무의 즙은 겁 없이 늙은 남자의
소담한 폐허를 다스리기에 좋을 것이다
오후에는 아파트 뒷길을 걸어가서
논어를 읽고 있을 당신과 막국수를 먹고
당신에게서 갚지 못할 약간의 용돈을 빌리고
비브라토가 빠진 휘파람을 연습하겠다
식은 국물 같은 삶을 조심히 떠먹으면서
음악 없이 잠들도록 애쓰고
진짜로 꿈꾸지 않겠다고 서약한다
아무래도 나는 내가 아니다
찾지 마라, 나는 없다

　　　　　　　　　　　　　　　　－「나는 없다」 전문

세상과 거리를 두고, 삶을 떠받치던 손 내려놓고, 바닥에 고인 마지막 커피를 마시듯, 더 이상 아무것도 없다는 듯이, 생을 살겠다고 화자는 말하고 있다. 이 '늙은 남자의/소담한 폐허를' 어찌할 것인가. 그 어떤 기대도 열망도 없는 허무한 남자를 위로하는 것은 '식은 국물 같은' 소소한 일상일 뿐이다. 그리고 서약한다, '진짜로 꿈꾸지 않겠다고'. 그러니 지리멸렬한 일상 속의 '나'는 앙꼬 없는 찐빵이다.
　이 남자, 혼자 사는 방으로 돌아와 하나하나 허물을 벗는다. 방 안엔 '숫기 없는 아이처럼' 어둠이 저 혼자 고여 있다. 이 적적한 중년남의 고독을 보라.

> 먼 데서 돌아온 듯 착각하는 밤이다
> 방문 열고 들어서니
> 숫기 없는 아이처럼
> 방 안의 어둠이 몸으로 놀라는 소리
> 저 혼미하게 널브러진 옷가지들
> 다 누구의 허물이냐
> 재킷을 벗고 바지를 내리고
> 양말을 벗고 차례로 다 벗겨내도
> 그래도 자꾸 남는 껍질은 무엇이냐
> 허물을 다 벗고 보니

오, 이런, 피부가 사라졌다
어딜 좀 만져주고 위로하고 싶은데
위로해줄 거시기가 없어졌다
피부가 나의 깊은 속이었구나!

―「4월의 어떤 밤」 전문

 이렇게 다 벗었단 말이다. 그런데 허물을 다 벗고 보니, '피부'가 사라졌다. 그러자 어딜 어떻게 만져 스스로를 위로해야 하는지, 화자는 당황하고 만다. 그때 깨닫는다. '피부가 나의 깊은 속이었'다는 것을! 이때, 허물이란, 피부란, 우리 생을 채우고 있는 일상의 다른 이름인 것. 당신과 막국수를 먹고, 당신에게 갚지 못할 용돈을 빌리고, 울림 없는 휘파람을 연습하는(「나는 없다」) 소소하고 무의미하고 무료한 것들이다. 무의미한 일상을 포기하면 생이 없고, 생을 포기할 수 없기에 무의미함을 껴안아야 하는 것. 이 모순된 생의 안과 밖이라니!

선생은 말했다.
가짜 양주가 더 화끈하게 취한다고!
야바위 영업을 위해 밤늦도록
고객과 주인의 자리를 바꾸면서
속임수를 연습하던 사기꾼들의 생계!
오래도록 잊을 수 없다

> 가짜 꿀 만드는 부부에게 방을 세놓고
> 틈나면 셋방의 일손을 거들었다는
> 가수 조영남의 어머니
> 아들: 권사님이 그런 일을 하면 쓰겠어요?
> 엄마: 그러니 어떡하니, 방세가 나오지 않는데
> 쪽 팔릴 때마다 민낯으로
> 숭고해지는 생이 있다
>
> ―「숭고한 생」 전문

그러니까 가짜가 화끈하고 더 나아가 숭고한 것이다. 진짜 같은 눈속임을 위해 야바위꾼들은 밤늦도록 속임수를 연습한다. 가짜 꿀을 만드는 부부에게 세를 놓고 그들의 일을 거들어 주어야 했던 가수 조영남의 어머니의 얘기는, 리얼한 생을 증언하고 있다. 권사라는 교회의 직분보다, 윤리보다, 살아가는 것 그 자체가 더 중요하다는 얘기다. 그것이 '엉금거리는 찌질이'들, 가령 '밥솥 바닥에 붙어 있는 밥풀 같은', '음료병 저 안에 묻어 있는 물기 같은', '정갱이에 남은 어린 날 생채기 같은 그것들'(「장사익 버전」)일지라도, 그것이 생의 맨얼굴이라면 쪽 팔릴 것 없다. 시인은 이를 '민낯으로 숭고해지는 생'이라고 했다. 그러니까 허울뿐인 고상함이나 겉치레 같은 윤리는, 실존을 선행하지 못한다. 허물은 단지 '껍질' 같지만 피부가 없으면 '속'이 없고, 살아가는 일이 죄다 '가짜' 같지만 그런 일상이 없이는 '진짜' 생도 없다는 것이다.

  그러니까 노래방에서 '시적인 외모를 가진 여자'와 블루스나 땡기며, '멋모르고 살아가는 나의 증상에 딱 맞는/옷을 걸치고'(「구의동 블루스」), '삶이 형편대로 헝클어지듯이/말은 본래부터 제자리가 없으니/시는 아무렇게나 휘갈겨야 옳'은 것인지 모른다. 어차피 우리가 사는 '지구별의 사업이라는 게' 우주적인 시각에서 보면, 다 '헛울음'에 불과하니까. 그렇게 보면, 미학 운운하며 '말의 모서리를 맞추는 장난은/시들하고 치사'(「말의 헛울음」)한 것이다. 시인은 이미 우주의 속, 삶의 속을 깨달았기 때문이다.

> 사랑해
> 왜 자꾸 그런 말을 하는 거니?
> 너는 무슨 권리로 나를 사랑한다는 거니?
> 너가 그딴 말을 할 때마다
> 나는 울고 싶다
> 나는 내가 아니다
> 나는 모르는 인연이다
> 나는 네 속의 뻥 뚫린 구멍이다
> 사랑한다는 말만 삼가다오
> 나도 너를 사랑하고 싶어 미치겠다
>   −「나는 내가 아니다」 전문

그럼에도 불구하고, 시인이 가 닿을 기표는 너이고, 그 화두는 '사랑하고 싶어 미치겠다' 이다. 그러나 나는 내가 아니므로 너도 없고, 너와 나는 모르는 인연이며, 나 역시 네 속의 텅 빈 기표다. 그러니 누가 누구를 사랑한다는 말인가. 따라서 사랑해, 라는 말은 주체도 없고 대상도 없는 말이다. 그럴 때마다, '나'는 울고 싶다. 여기서 '나'란, 라캉 씨의 말대로 하자면 닻의 점(anchor ing point)에 불과하다. 이것은 의미화 연쇄의 한 점일 뿐, 종결부호는 아니다. 나도 너를 사랑하고 싶어 미치겠지만, 나도 너도 어디론가 달아나고, 사랑의 의미는 산종된다. 이 과정이 결국 일상이고 생이지 않겠는가. 이를 통해 생은 부화하고 길을 만들고 분분히 퍼져 나간다.

대충 살다 죽어라. 이것이 박세현 시인이 『본의 아니게』에서 가 닿은 뜨거운 본의다! 결국 그것이 시적인 것과 비시적인 것, 문학적인 것과 일상적인 것 사이의 삼투현상으로 구현된 것이 아니겠는가. 본의 아니게, 관조와 자조의 변주곡을 너무 열심히 들었다. 홍상수 영화를 시리즈로 본 기분이다. 찜찜하면서도 후련하다. 그게 나의, 우리의, 피부이므로.

시인시각시선 005
본의 아니게

ⓒ 박세현

초판인쇄 2011년 10월 25일   초판발행 2011년 10월 31일
지은이 박세현   펴낸이 김충규   펴낸곳 **문학의전당**
디자인 이효숙(tbicafe@naver.com)
출판등록 제387-2003-00048호(2003년 9월 8일)
주소 420-752 경기 부천시 원미구 상동 392 한아름마을 1511-1603
편집실 121-718 서울시 마포구 공덕2동 404 풍림VIP빌딩 413호
전화번호 02-852-1977   팩시밀리 02-852-1978
전자우편 mhjd2003@naver.com   블로그 http://blog.naver.com/mhjd2003

ISBN 978-89-97176-05-2 03810

*이 책의 판권은 지은이와 **문학의전당** 에 있습니다.
*양측의 서면 동의 없는 무단 전재 및 복제를 금합니다.
*잘못된 책은 바꿔드립니다.